圓與緣

探索生命的奧秘

增篇再版

錢剛鏜——著

推薦序——隨緣求圓

／趙少康

我來自基督教信仰的家庭，追隨母親在唸小學的時候受洗成為基督徒。雖然後來因為工作繁忙，少去教會做禮拜了，但聖經的教誨縈繞胸懷，在經歷人生波瀾動盪，生離死別時，常為我指引方向。除了聖經，中國哲學思想，孔孟學說，也是我在做重大抉擇時的思想典範。

錢剛鐔大使是資深外交官，他派駐亞特蘭達辦事處、駐華府代表處時，我當時是立委，赴美進行國會外交、出席祈禱早餐會、參加民主黨全國代表大會，和錢先生有過數面之緣。後來錢大使調升領務局副局長、局長，也因為公務往來，和錢局長在台灣重逢，相談甚歡。

　　我國的外交處境極為艱難，外交官在前線作戰，檯面上要努力突破大陸對台灣「零和」戰局的封鎖、打壓，檯面下要折衝樽俎，在各國與中國「大國博奕」的權力較量中，為台灣找到顧及駐在國的立場，彰顯中華民國存在，打開外交格局的務實外交作法，進退拿捏之間，既要維持國家尊嚴，又要有柔軟身段，是堂高深的「外交官藝術」學問。錢剛鐔大使的前一本著作「我的外交人生歷程」，生動描繪了他從事外交工作三十多年的經歷。錢大使在公職服務，為國家「立功」，退休後修身，「立言」，勤於筆耕，他的新書「圓與緣／

探索生命的奧秘」，談生命，談身心靈，談為人處事之道，以長者的智慧和讀者分享他的人生體悟，是心血之作。

我年輕時從政到現在，雖然已轉入媒體服務多年，但當政者對異議人士的權力傾軋、鼓動派系批鬥，不曾稍停。我為民眾伸張正義，爭取權力，踩到利益團體的痛處，伸出天羅地網抹黑、抹紅的事例，更是不可勝數。我面對強權、黑金、白金，多方惡勢力勢挑釁時，常想到聖經箴言21章21節，「追求公義仁慈的，就尋得生命、公義和尊榮」；孟子云，「自反而縮，雖千萬人吾往矣」，只要存心是正義的，視當權者如草芥，為爭公義、爭人民權利，雖千萬人亦無所畏懼。

錢大使在書裡談到環保意識的篇章，也是我關注的領域，全球暖化，碳排放威脅人類的生存，台灣必須立下二〇五〇年達成碳中和的目標，盡到地球公民一份子的責任。「我們只有一個地球，更只有一個台灣」。人類短暫的一生，是我們與其他物種共存的「緣」，保護地球，才能為後代子孫和非人類的物種，追尋地球的永續生命。

前言

我寫這本書的緣由、目的與過程，與我前一本著作《我的外交人生歷程》頗為近似。以一名業餘作者而言，寫書與創作是同樣辛勞的路程，尤其體力、精力進入衰退期，身不由己、力不從心。我本以為前書出版後，不會再出版新書，豈料方隔年餘，一股莫名的驅策力，無形的感召力，以及千軍萬馬的靈應力，敦促鞭策我必須鼓足全力，完成此書。

走過人生悠悠歲月，歷經人世多少滄桑，見證人生起起落落、悲歡離合、崎嶇坎坷，觸發我的萬浪般的思潮、感觸與靈應，特別是當進入寧靜沉思，深入心靈深處的時刻，開啟我對人生的體認和對生命的認識。究竟人從哪裡來，往何處去，為何而來，回去了還會再來嗎？還是到另一個靈界或世界；生命的意義何在？真諦與價值又是如何？這一連串的疑問，勾起筆者尋找答案的動機，雖然這些疑惑，終究還是懸而無解，而在思索過程及心靈的轉化中，領悟了人生起伏及人生無常的道理；如何以平常心、自然心、歡喜心面對嚴峻的人生，又如何尊重生命、寬厚別人，以慈悲為懷的襟懷，航行人生，順利圓滿走完此生，了無遺憾。

本書內容及文字或許有若干重複之處，乃因靈來相應時，即隨手書記，因而相同事物可能靈現多次，靈應持續湧現。至於所敘內容，僅為個人管見，孤陋寡聞之識及膚淺之論，惟願藉此拋磚引玉，與有緣讀者相互探討生命，切磋人生，分享經驗，尤殷望高人及賢達之士，不吝賜教開示。

本書承蒙趙董事長少康先生百忙中賜序勗勵，謹致衷心謝忱。少康先生曾任多屆立法委員，為民喉舌，伸張正義，之後擔任行政院環保署署長，致力制定環保政策，推動有效措施，奉獻心力，不遺餘力，貢獻宏偉，現為備受廣大聽眾、觀眾敬愛的資深媒體人，也是中廣公司董事長，廣播電台及電視台節目主持人。

增篇再版序

本書初版付梓後，始覺尚有諸多有關對於生命及人生體認未敘及之處，乃增訂補足遺漏，並另增加新篇。第一篇〈生命篇〉增加「靈魂不滅　生命永續」及「不懼死　不求死　重生命」等二節；第二篇〈身心靈篇〉增加「定、靜、安、慮、得」及「溫、良、恭、儉、讓」等二節；第三篇〈為人處世篇〉增加「戰爭與和平　極權與侵略」一節。另增第四篇「治國為政篇」1「勤政為民治國　忠國廉能從政」、2「國魂與國格　國力與國威」、3「國家與國旗」、4「治國與為政」等四節，及第五篇「政治外交篇」1「國際政治與地緣政治」、2「外交藝術與手腕」等二節。人生過程脫離不了生活周遭的環境及政治因素影響，在追求心靈境界時，對當前國家狀況與政情局勢難免寄以關懷，因此本書增篇再版時，特別著墨有關國家與外交政治的議題。

此外，原版文字及內容也有若干增刪。有些讀者閱讀初版後詢問，為何以「圓與緣」為書名，乃因筆者認為人的一生一世皆離開不了「緣」，從投胎父母出生開始到離世，事事皆為緣，無論是長久緣、短暫緣、一世緣、良緣、劣緣皆是緣，因此為人就應知緣、認緣、隨緣、惜緣、圓緣。即使是這本書，也都要緣分才會接觸閱讀。

另有感於當前中華民國正處於危急存亡之秋，遂不揣駑鈍，寫下一首「我愛我的國家」歌詞：「沒有國，那有家，傾巢下豈有完卵。我生於這個國家，我長於這個國家，就如同我的父母，中華民國是我的國家，我熱愛中華民國，我熱愛我的國家，中國民國是我的國家。」藉以舒暢心懷，冀望重振中華民國國魂，喚起全國同胞熱愛自己的國家，並期望有緣分作曲家代為譜曲，讓大家一起高唱。

由於工作關係，筆者足跡遍及五大洲、三大洋，雖然實際派駐工作的國家不多，但到過北歐、東歐、西歐、北亞、西亞、南亞、東南亞、中亞、北美洲、中美洲、南美洲及非洲諸國，其中比較獨特的國家如埃及、大公國、尼泊爾、不丹、緬甸、波多黎各（美國託管地）等地，這些國家風景優美，各具歷史人文、文化古蹟等特色。不過走過千山萬水，天涯海角，我還是最愛台灣，我的國家——中華民國，因為它是我成長的地方，也是我的國家。

本書增篇再版，雖懇請吾師李武勳老師賜序指導，惜他謙沖婉辭。筆者對李師長期多方教導之恩，感懷在心。適值本書增篇再版，謹向李師併致謝意。

目錄

一、生命篇

二、身心靈篇

三、為人處世篇

一、生命篇

1 隨緣　惜緣　圓緣

近年來，每屆歲末年終，媒體盛行投選一個能代表當年樣貌或特殊情境氛圍的字。如果有人要我提出一個能總括人生的字，我選擇「緣」一字。每個人從投胎出世到離世，一生中都脫離不了「緣」。投胎父母就是緣，為人父母、做人子女或成為兄弟姊妹，都是前世緣或今生緣。及至成長過程、生老病死、入學就業、婚姻生兒育女，或成為同事親朋好友，也皆因緣所致、因果而成。

為人無須為成敗得失、悲歡離合的情境而憂慮，也不用因生老病死的過程而畏懼，乃因這一切都是自然的因果循環，該來的躲不

2 我與達賴喇嘛的奇特殊緣

我奉派擔任駐印度代表（大使）到任僅數天，便接奉外交部緊急密電報指示，令我即刻設法洽見達賴喇嘛，當時我對達賴喇嘛其人，雖有所知，知道他是西藏流亡組織的政治及宗教領袖，但對他當前狀況則一無所悉，也不知如何才能立刻與他取得聯繫。

幾經查詢，得知在印度首都新德里設有西藏流亡組織辦事處，隨即聯絡該處處長，告以動機、目的及我的身分，對方答稱達賴喇嘛正出訪國外，約一週後才會返回印度，惟應允會即刻轉報達賴本人，翌日接到該處處長的回電，告知達賴喇嘛獲悉後，允在他返回印度時與我會晤，並約定在他抵達新德里當日清晨，在他所下榻歇腳的飯店會面，我立即先將此訊息陳報外交部。

在他返回印度的當天，我在八點前依約抵達這家飯店，那時飯店的一樓及他下榻飯店的樓層已布滿印方荷槍實彈的維安人員。八點整，達賴喇嘛由臥室步入套房會客間，神采奕奕，笑容可掬，一見面即上前相互擁抱，宛如多年老友，一點都感覺不到他歷經十多小時的長途飛行，及日夜時差的旅途勞頓疲累。坐定後我說明來意，轉達我方向他的三項訴求，他聽罷隨即欣然應允，毫不猶疑，全都同意，隨後又談及許多其他話題。我原以為前後會面的時間約二十分鐘，未料他話鋒甚健，暢談約五十分鐘始結束談話告辭，他為我披上西藏禮俗表達祝福的「哈達」，並合影紀念（照片一），我也因順利圓滿完成外交部所交付的任務，鬆了一口氣。

開啟第一次見面之緣後，在我派駐印度大使的五年六個月任期內，先後與他單獨會面達二十三次（照片二），並曾到離新德里十四小時車程，中印邊界一座山嶺達蘭薩拉他的行宮造訪（照片三）。那天他的秘書安排我會見的時間為二十分鐘，在遠超過預定時間後，他仍侃侃而談，無辭客之意，我卻忐忑不安，擔心逾時失禮，眼見行宮窗外許多約見的西方人士穿梭廊道，往內探視究竟，我深感不安，約五十分鐘才結束這場會面，他隨後贈送我一尊他親自開光的佛像及兩本啟智的英文書籍，我滿心歡愉的告別他的行宮，返回新德里駐地。

我在印度這段期間，他曾受邀來台弘法，由新德里到台灣的班機是午夜，我到新德里機場貴賓室送行，登機時我陪同他由貴賓室步行到登機門，路程約五、六分鐘，他全程緊牽我的手，引起路經旅客好奇注目。我離任回台前向他辭行，他再次賜贈我另一尊佛像及他親筆題字簽名的巨幅佛像唐卡，臨別依依，互許再會有期。隔二年後，他再次來台弘法，我到他下榻的台北福華飯店套房見他，並帶了那幅他親自簽名但字已褪色的唐卡，請他重新簽名題字。這次雖再度重逢，我內心卻有許多傷感，只因不知下次相見斯在何時，更不知是在何方。

達賴喇嘛英語流利，見識廣博、見解獨到，並具國際宏觀，對兩岸關係及台灣情況十分了解，也很關心台灣的現狀及未來發展。談吐幽默、開朗豁達、率真隨性。（照片四）他力倡全球七十億人類一體性，推動宗教和諧及世界和平，曾榮獲諾貝爾和平獎，實至名歸。我之所以對他如此景仰敬愛，並非因為他是眾所皆知的十四世轉世活佛，也無關他是否具有超人的法力，我也非藏佛的信奉者，而是他睿智、慈悲、包容、仁慈及開闊襟懷等非凡的特質深深吸引。多年不見，他常進入我的夢境，宛如我每次與他見面交談的情景，我察悟這就是人生旅程中的特殊緣分。我無意與這位眾所尊稱的轉世活佛攀緣，他曾說他沒有法力，有沒有法力不重要，而是他每次轉世，都因任務而來，我相信他歷次轉世都已完成了任務。我與他今生這段因緣際會的殊緣，必會在我此生內心刻劃難於磨滅的痕跡。

在到達蘭拉造訪達賴喇嘛前一日，大寶法王甫由西藏爬山越嶺抵達中印邊境的達蘭薩啦。經由特殊安排，會見大寶法王，相見甚歡。是年他年僅十六歲，英姿堂堂，法相非凡，隔年我在新德里又再度與他會面。據說他是經由達賴喇嘛親自認證的十二世轉世活佛。（見照片五）

（照片一）首次會見達賴喇嘛

（照片二）新德里會晤達賴喇嘛

（照片三）在達蘭薩拉行宮造訪達賴喇嘛

（照片四）達賴喇嘛談話時的神采

（照片五）在達蘭薩拉會晤大寶法王

3 生與死　命與運　探奧秘

西方有生死學，藏佛有生死論，東西方對生死的探索更是無數，先聖孔子也說「不知生，焉知死。」。哲學家、宗教家、命理學都在探究生死，乃因生與死充滿了神祕奧妙，也是人與萬生萬物必經的過程，有生必有死，死後又重生，生死循環不已，也互為因果。生是死之因，死為生之果，人生一到人間，就開始為死做準備，死後又復生，前世、今生、來世是生命不滅的自然循環定律。看透生死，不須為生死而恐懼憂慮，人來到世間皆負使命而來，今生心願任務完成，隨一陣風而去，快哉人生。故在世時，不應貪生怕死，更不該尋死，既然要達成使命，完成心願，有生之年就要竭盡全力、堅持生命到底，只要一生全力付出，打過一場美好的戰役，無論成敗，就是完成任務，了卻心願，這就是生命的真諦。

人由生到死，全都受制於命與運，命由前世因果、生辰八字、祖先陰澤等致成，命乃是與生俱來，運則可由後天自身努力，或經由行善、積德，而改變運勢，惟運只能改變一時的人生過程，難以扭轉生命的定數，運勢可變，天命、天數則難改變，瞭解此一自然法則，明通宇宙造化機，聽天由命，從命、順命乃應天順理之道，通達人情世故。

筆者也認知，某人的出生時辰關乎其一生命運，其死亡時間則注定其一生及來生命運。時辰須精確才準，分秒之差也許就跨越另一時辰，命運也大為不同。早年大都在家中誕生，時辰甚難確記，現在幾乎都在醫院接生，出生時間記錄詳實。

人生沒有甚麼好嘆的，沒有甚麼好怨的，也沒有好懊喪的，更沒有好遺恨，時也，運也，命也，**盡心盡力，就是完美的人生。**

4 尊重生命 眾生平等 萬物共存

大自然孕育萬眾生命，即使花草植物、山川河流，都有其生命存在的意義與價值，天地並存，萬物共生，生命平等，**萬物並存共生，是大自然的最美**。

人為萬物之靈，居於自然界為首的主導角色，除了危害人類健康的病毒、病菌外，對所有具靈性的生命都應尊重與善待，更不可虐待、屠殺、濫殺，因此佛家倡導尊重生命、眾生平等、慈悲為懷。

人類為維持生命，不論素食或葷食乃不得已，有位善心人士主張：「聞殺不吃，見殺不吃，專為我而殺不吃。」，如果實在萬不得已而食，可持法力為其超渡，自己如無法力，亦可以念力、真心默念，為牠們的靈魂超渡，只要心存正念、善念，這股無形的念力與願力可產生不可想像的效應，為這些無辜的生命超渡。

5 真空實有　無中妙有　實中虛無　虛中存實

心經說：「五蘊皆空」、「諸法空相」、「不生不滅」、「不增不減」，既有「五蘊」又有「諸法」，當然有其存在的實質性，但卻皆為空相。既「生」又「增」是有，「滅」卻是無，也即是真空妙有，無實就是真空，無虛就是妙有，非空非有，即空即有。

金剛經也說：「**一切有為法，如夢幻泡影，如露亦如電，應作如是觀**。」，這句「如是觀」，也顯示其為實質之有，但也瞬間成泡影，消失無蹤，雖實有，其實無。禪宗六祖慧能悟道時曰「菩提本無樹，明鏡亦非台，本來無一物，何處惹塵埃。」。心經、金剛經都在闡釋萬事萬物到頭來都是空，也是無。如同夢幻泡影，水月鏡花，海市蜃樓。世人眼中所見，耳中所聽，鼻所嗅，舌所味，身所觸，意所識，都是意識上的虛覺，既是「無眼耳鼻舌身意，無色聲香味觸法。」當然也就無老死盡，無苦集滅道。總歸言之，萬象「色不異空」、「空不異色」、「色即是空」、「空即是色」，因此無生老病死之苦，無罣礙恐懼，凡所有「相」，皆是虛妄，所有「法相」，都由心生。

心經、金剛經都是規勸世人想得開，放得下，不為色所惑，不為相所迷，但佛經仍隱含「實有」的存在，要有積極作為，同時也要有消極的不作為。有諸法，但無所為法，無所住而生其心，但也要有積極的實質作為，慈悲為懷，眾善奉行。

6 磁場　氣場　風水

天文學家認為磁場在宇宙無所不在，科學家也認為如此。磁場是地球及千萬星球的運轉移動，及相互磁力牽動所形成的振波及能量，諸如地心引力、大氣層氣流、岩石風化作用、颱風颶風產生、海水退潮漲潮等，這種種自然現象都是受磁場變化及能量改變所致。天文學家及物理學家都知道物質是由粒子構成，粒子產生震波而形成磁場，磁場轉化為能量，能量聚合成靈。氣場是由氣流運轉，磁場振波所形成波形，即表示各種信息，宇宙磁場的陰與陽就如同地球上人類的電腦0與1，其所具有的各種波形，千變萬化，展示各種信息，記憶人類前世、今生、來世所有紀錄，也就是「人、事、物的命運」，祇要破譯某人出生年月日時間、地點，也就知道其人命運。此一磁場也對宇宙及人類產生無比的影響力，不但影響人體健康，更是關鍵人的命運。

人的生辰八字與方位也息息相關，譬如有人適合南北方向，也有人適宜東西方向；有的財位在北方，也有人財位在南方，同一人在不同時期，也會因氣場變化也產生不同的影響，而且各方位的好壞也因時空、周期的轉換而改變。

磁場形成氣場，好山好水好氣場，氣場影響風水，氣場好，風水就好；風水好，今世興，三代旺。其實風水即為磁場，也是氣場，只不過風水是民間通俗的稱謂，氣場則為天文、物理學家，命理、堪輿的用語。

民間有所謂「一命、二運、三風水、四積陰德、五讀書」，顯示風水與命運對人一生的重要，命與運操縱人的一生，而風水不僅改變命運，甚至往生後，都會影響其後代子孫的盛衰，堪輿所謂的陽宅或陰宅風水的好壞即其所指。風水也非永久不變，而是隨氣場轉變改變，所謂風水輪流轉，三十年河東，三十年河西，某地氣場好、風水地氣好、人氣旺，但因時空轉變，風水也隨之改變，或由盛為衰，或由衰轉盛，俗話說「富不過三代，窮不過三代」，雖為民間說詞，自也有其道理，也是因風水轉變的結果。

7 宗教 先知 星象

有人類足跡就有宗教存在，除了無神論者，多數人都有宗教信仰，我國憲法也保障人民有信仰宗教之自由，世界各民主國家亦皆然。信仰會產生巨大的震撼力量，宗教信仰可使人生有所依附，精神有可寄託，可惜由於所有宗教都充滿神祕色彩，可望而不可察，使人趨之若鶩，但無論佛教、基督教、天主教、回教等不同的宗教，其教義基本上都是為善，棄惡揚善，淨化人心，敦促世人行善，可惜受別有用心人士扭曲，甚至操縱，作為謀勢圖利的工具，使其良好的本質變質。

南懷瑾大師在他講述的「金剛經說甚麼」一書中說：「佛認為

古往今來一切聖賢，一切宗教成就的教主，都是得道成道的，只是因個人程度深淺不同，因時、因地的不同，所傳化的方式有所不同而已。」其實，所有的宗教皆來自同源，宇宙確有一個全能的真神，主宰整個宇宙及全人類，只因世人由於國度區域種族、社會人文背景等等不同因素，產生不同的宗教類別，有成就與先知的宗教教主，都有此一共識與正解，也絕不會隨意排斥其他不同的宗教或教義不同的宗教。宗教的崇高精神就是尊重、慧見、包容、博愛、平等。

宗教的力量可以轉變人生、締造文明，也可能因宗教而引發戰爭，改變歷史。常人不能沒有宗教信仰，但不能流於形式或執著迷信，更不可藉著宗教之名，妖言惑眾，蠱惑人心，別有所圖；同一個人也可以同時擁有不同的宗教信仰，但斷不可歧視與排斥非自己所信仰的宗教。良好的宗教信仰可以撫慰心靈，淨化人性、祥和社會，充實生命，更可使靈魂平靜安息，影響力難以想像，但如行之不當，也可能釀成災禍。

除了邪教之外，所有的宗教都是出自良善的本質，必竟其教主都來自至少九層級空間以上的高靈，因此人間信眾信仰宗教，應秉持宗教的立意、正面意義與精神而信奉之，而非一味為追求神力、法力而盲從，迷信，執著。

宗教改變人生，星球則主宰大自然的變化，所謂月換（上弦月、下弦月、盈月）星移，星座的變化不但改變自然現象，也影響人的生命運與健康。古今中外均有星象之論與占星之術，孔明察天象借東風，即為其例。星象家以占星術或觀星象，預知自然的變化及天災人禍的發生，數以萬計的星球，有的新生，有的殞落，相互牽動而產生宇宙磁場的變化。

佛經上說「三千大千銀河星系」僅是形容繁多眾星數字的一端，可見宇宙如何浩瀚無比，變化無窮，非人類所能想像。知道星象移動與變化可預測即將發生的事端，告示人類避兇趨吉，預為因應。例如當木星與火星位置移動成一條線時，据說可能造成地球上人類的災難與不安，乃由於這兩巨大星球互相牽制所起的磁場特殊變化。紫微斗數也即是根據星球運轉移動與位置，配合生辰八字推測人的過去、現在與未來的命運。

所謂先知者的名目眾多，有特殊法力者、高超的宗教人士、高人或通靈者、占星家、神童等等，都有預言未來的超能力，其所預言來自無形的靈力，當然其準確度有待證實。先知者所預知的事情，攸關人類命運災禍，諸如戰禍、疫癘、重大災難、世界變故等，市井相命者對人命運所批斷，僅為個人的管見、短見而已，即使這些先知或預言者之言雖有所依據，或許可能有其若干準確性或巧合之處，亦僅可供參考，不可盲從盡信。

8 探究「碟仙」的原理　雖神奇惟不可近

許多人年少時都曾有過玩「碟仙」的經歷，其實「碟仙」與「念力」及「磁場」有密切的關連，其原理不難理解，就是人的本體乃為一個靈體，人的周遭也飄浮許多大小的靈，當人憑恃「念力」，以及心存著想探詢的事項，連續順時針轉動圓形的碟子，即產生磁場，磁場結合人本身的靈力及身外的靈體，產生「靈波」，由相互的「靈波」發生「靈應」，於是告知某人想知道的人、事、物。

這種磁場是旋轉的力量形成，尤其是反時針方向旋轉，威力更巨，自然界「颱風眼」反時針旋轉所形成的威力，即為明證。

「碟仙」雖有其準確性，但也可能受其愚弄，雖神奇，但知其原理就好，不可著迷，尤其體外之靈附身，並非好事。

9 今生之因　來世之果　因果循環

因果報應有所謂現時報，今生報，來世報，不是不報，只是時候未到；有因必有果，過去因，現在果，現在因，未來果，或前世因，今生果；今生因，來世果，「欲知前生事，今生受者是」，這些因果報應，有的現世報，有的來世報，報應只是時間早晚而已。

佛勸世人：「**諸惡莫做，諸善奉行。**」、「**不以善小而不為，不以惡小而為之。**」，善有善報，惡有惡終，無論是今生所為或來世所行，皆有因果報應，生生世世相互循環。

10 順天應理　命之所繫

中華文化歷史悠久凡五千年，從黃帝、老子、莊子、孔孟到歷代古聖先賢皆洞悉順天應理的法則，也諄諄告誡世人，順天則昌，逆天則亡，天理不可抗拒的道理。宇宙星球運作有一定的定律與規則，人的生命也如此。由西洋歷史及中國歷史各朝代演變，乃至每個人一生過程，甚至生死存亡，都是循著固定軌跡運轉，換言之，也是遵循天道天理運作。天道、天理、天命、天數，都不可違逆，順天應理，是生命所繫，天理只可順受，不可抗拒。據說孔明臨終前，曾試圖做法延壽，無奈做法時，一陣風由窗隙吹來，吹熄蠟燭，孔明知道氣數已盡，天命不可違，泰然善終。以此印證所有人、事、物都以一定的時間、空間及軌跡的運作，而誕生、發展、衰亡，這種按一定時空變化的軌跡，就是人的命運，也是人類的歷史。

人生如大海行舟，順風航行則順，逆水行舟則艱，安於命，順於勢，順天應理，運勢一定好，人生也美好，來世會更好。

11 主宰宇宙真神　生命之另一章

筆者所體認及認知，宇宙間確實有主宰全宇宙及人類的巨神存在，祂不但操控包括地球、所有星球的三千大千世界，也主宰人類的生命、命運。所有宗教的創始者或得道的佛、神、仙、耶蘇、阿拉也全由祂孕育而成。祂以數億萬位數的超大能量操控主宰宇宙一切。

這全宇宙的主宰者不具實體，也沒有形狀，而是由浩瀚宇宙的大氣、真氣及超級能量所匯成，姑且尊稱之為「宇宙之神」，即使人類想膜拜都很難。筆者這番論調未必為他人所接受認同，但必須相信祂所具的超自然力量，及無法想像的超級能量。

氣就是「能量」，也代表「訊息」，也是「生命能」。在這「宇宙之神」體系下的佛、神、仙，或是天主、基督耶蘇、真主阿拉，都是由大氣的巨大能量匯集而成。祂們共同特性是沒有具體形象，祇能感知，而且其靈力「聚而成形」，「散而為氣」，常人觸摸不著，肉眼看不到，即使在「顯靈」時，所見者也是人的自我意識與感知，惟高人或天眼通者除外，但所見也未必很具體實在。

靈是以磁場的形式存在於各層次的空間，有高靈、低靈，有善靈、惡靈，低靈可升為較高一層的靈級，高靈亦也可轉為較低的靈界。無論高低靈、善惡靈都各有特定的頻率；因而各不同層級空間的靈，各有不同層級的頻率特徵，故在「第三維」空間的一般人見不到也感知不到。第四維空間以上的高靈，或第三維空間的靈級，除非知道調整頻率，以頻率一致振動的方式，像調整頻率收視電視台，即可相互溝通。民間有所謂的「靈媒」（靈的媒介）即是以此方式與亡靈交通。

天際間不僅僅是以往所知的「四維空間」而已，而是有無數空間。靈的空間層次越高，能量級數越大，甚至超越「時空」，超過「光速」，穿越「時光隧道」，這也就是常人看不到佛、神、仙的道理，更遑論前節所提到主宰一切至高無上的「宇宙高神」。雖然有所謂「眼見為憑」一語，但常人見不到的東西何其多，不知道的事物更不知凡幾，看不到、不知道並不表示就是沒有或證明根本不存在，否則人也未免太主觀疏陋了。

筆者大膽但非絕對正確的推論，「仙」應位於「八維空間」的靈層，「神」處在「九維空間」靈界，佛及耶蘇等宗教教主則在至少「十維」以上空間的高靈，相對於處在「三維空間」的人類無可倫比；至於前所提到唯一的「宇宙至神」則在無限級、無限能量空間的靈界。

12 靈魂不滅 生命永續

筆者相信「靈魂不滅，生命永續」之論。許多先知先覺者、宗教人士以及高靈者都認定其真實性，只是一般常人認為並無事實根據，也因此歸之於道聽塗說、荒謬之論。

任何生命固皆有一定的期限，但靈魂卻永遠存在，即使身亡，靈魂仍在。靈魂不因肉身而消失，死亡後靈魂仍然存在，也會復返生命，生生不息，因此人的生命是永續的，靈魂也是不滅的，生命當然隨著靈魂永續而再生。

不僅人如此，凡具有生命的生物，亦皆如是，花木枯亡，而其種子就如其靈魂，經過若干歲月，又再重啟生命。

13 不懼死　不求死　重生命

生命來自父母，得自上天，也是由宇宙自然孕育而成，如同宇宙間所有星球自然生滅，因此人在有生之年必須珍愛生命，愛惜生命，同時也須尊重一切生命，不可蔑視生命，不可輕易放棄生命，更不可自我求死或尋死，否則就是違背天道，違反生命自然法則，將遭天譴。

正因為生命是由宇宙孕育的自然法則，有生就有死，死後復生，生死輪迴，因此，人固不可輕生，任意求死，但也無須恐懼死亡，畏怕死亡，一切隨自然輪轉，命運安排，如果逆天將有不良後果。

修行精深的宗教人士或悟道的人，都知道自我放棄生命的人，死後永難超脫，也難永生，靈魂漂泊不定，惶恐不安，靈魂雖無知覺，但卻有另類特異的感應。筆者因此再次提出「靈魂不滅，生命永存」之論，信者恆信，不信者恆不信，訛其為荒謬之論。敦促所有的人珍惜生命，愛惜生命，也尊重所有異類的生命。

二、身心靈篇

1 入靜 凝思 靈應

人在心緒平靜、全身放鬆，摒除一切雜念，心靜如止水時，心境會進入非常清靜的深層境界，腦波亦呈現靜止狀態，續而顯現許多事物真相與真理，心靈萌生超自然的感應能力，頓然領悟許多人生的哲理及生命與宇宙的自然景象。

人的心性本是像一面明鏡，一塵不染，也是無波無浪的平靜狀態，無奈為了家庭、子女、工作、經濟等種種牽掛，勞碌奔波，擾亂了心緒，因此心念雜陳，思潮起伏，無一刻平靜安寧，因而原有的心性像蒙上塵埃，看不清事物的真相，感應不出特殊的情境，更遑論對生命真諦、意義與價值的認知。

人的心性本像是一面明鏡，一塵不染，也如同杯中之水，一旦不停搖晃，就混雜不清，使其靜止不動，雜物沉澱，清澈見底；心靈清淨，就能明心見性，反璞歸真，頓悟生命真諦及人生的意義與價值，感應某些前所未有的不尋常景象。

2 佛儒道　三至寶　信奉之

上蒼慈悲，厚待世人，賦予人間－佛、儒、道三大寶藏，解救人間疾苦災難，遠離顛倒夢想，渡過一切苦厄，解除迷惑，而無有恐怖，惜世人由於無知或出自愚昧，錯失這三大珍寶，人如不知自渡，佛也難渡。

佛慈悲為懷，普渡眾生，佛法無邊，佛力無界，佛門廣大，包容萬象，無量諸佛。助眾生解脫苦痛。道家則主張潛修，道以一貫之，悟道、得道、成道。儒學倡導格物、致知、誠意、正心、修身、齊家、治國、平天下，由內而外，由心及身，由齊家而治國平天下，循序而上，一部論語治天下；也著重定、靜、安、慮、得的道理，孔孟思想雖非宗教信仰，但修心養性的涵義與佛道相通。雖然孔子反對「怪力亂神」，其用意乃是排斥惡道、邪道、鬼道、魔道，也就是主張王道、正道、仁道，他也從未排除純正的宗教，正如他所言：「不知生，焉知死」，不知正道，焉知邪道。佛儒道三家思想的精義是普世的價值。

據聞南懷瑾大師自書一則座右銘：「上下五千年，縱橫十萬里，經綸三大教，出入百家言」，氣勢何等磅礡非凡，縱貫古今歷史，橫跨三教百家，也是成就人生的指南，其中所稱「三大教」即為佛、儒、道。

3 身心靈合為一 提升生命內涵

佛法、道學、禪修都精闢闡論身心靈合一對生命的意義，一般人都知道有軀體、心靈及靈魂的存在，但三者則非獨立存在的個體，而是如佛、儒、道一致所強調的三者合一，才能構成完整的生命體，如果心與靈脫離了身軀，就如同行屍走肉，不具生命存在的意義。

人來到世間，除了每一世都賦有不同的使命外，也是到人間來體認每一世不同的人生經歷，每個人在有生之年，都應珍惜每一生每一世的生命，善加把握每世人生，並以身心靈合一充沛生命的內涵，提昇生命力，使人生更為充實豐富。

身心靈合一的要訣，就是以身修心，以心化靈，由靈還身，三者契合，相輔相成，與道家所倡「練精化氣，練氣化神，練神還虛」是同一道理。另言之，以觀想和意念將身心靈融入宇宙的大氣團，匯流為一，天人合一。

4 靈力 念力 願力

本書多處提及靈力，乃因其具有不可思議的巨大力量，它是身心靈交會引發的火花，肉眼瞧不到，只能憑著心靈的感應，因此稱其為「靈力」，也是感應的能量。

人的肉身具體有形，靈力則是無形，超越肉體而存在，但多數人的靈力都是處於停滯不動的狀態，如果不加啟動，就不會有任何反應或作用。

靈力與宇宙的氣場互相聯結，無邊無界，但可由修佛、修道、靈修、禪修、入靜、修練等方式，使身心靈融合一起，觸動靈力的展現。換句話說，當身心放鬆，不存任何雜念，心靈如止水一般寧淨，即是所謂「照見清淨心」，即能感應許多事物，由靈應進一步可展現靈力，再由靈力出現常人沒有的超能力，其過程由心念進入心力，由心力展現靈應，靈應產生靈力。

念力是心念形成的力量，由心導念，由念生力，也可稱其為毅志力，念力是靈力的一部分，兩者相互關聯，宗教持咒即為念力之例，念力需有禪修靈修者才能發揮道力。

願力是另一種型態的念力，一般人所知譬如追夢、築夢、圓夢，夢即是希望、願景的泉源，憑持願力，有夢成真，這絕非虛幻，所謂「有志者事竟成」，只要下定決心，堅持不輟，鮮有不成之事，心想事成，願力創造事實，願力就是決心的具體表現。惟願力應出自善良、正義、公道的原則，如果起自邪念、惡念，即使願力成為事實，必將造成負面不良的結局與後果，不可不慎。

5 起心動念一念間，應無所住生其心

整部金剛經的內涵都在詮釋「心念」、「法相」、「應無所住」以及「不生法相」的道理。念由心造，心因念動，念隨心轉。人一切作為均肇始於心念，無論念頭好壞或行為善惡，皆由心生念，念造果，心念與因果相互牽動。

心念的起落消長，隨內心情愫和外在因素影響而變化，因此持修金剛經的人，知道如何駕馭自己的心念，以心止念，以念制心，不為牽制羈絆，不著相，無所住，凡所有相，皆是虛妄，因而不起動念，穩如泰山，靜如止水，明心見性，一念放下，萬般自在。

金剛經的精髓是：「應無所住而生其心」，惟如果只對金剛經一知半解，沒有透徹的瞭解其蘊涵之意，很容易迷惑為「凡事無所住」，「凡事不生其心」的一切消極「不作為」，其實「應無所住」之真義乃是**悟空**、**放空**、**入空**；其所指是「性空」，不存任何心念、意念、雜念，表面上是「消極作為」、「無所作為」，事實上是有「積極作為」、「有所作為」的另一層意義。正如呂純陽祖師的「百字銘」中所言：「真常須應物」、「應物要不迷」，南懷瑾大師也說：「物來則應，過去不留」。

6 信心 信念 信力

信心是成功的要素，也是使自己屹立不搖的要訣，人如果失去信心，戰鬥力也隨崩潰，生命力也消失。信心是達成理想、目標與願景的催化劑，國父孫中山先生說：「吾心信其可行，則移山填海之難，終有成功之日；吾心信其不可行，則反掌折枝之易，難望可成。」，自信蘊涵篤定之意，可見信心對行事、成事的巨大影響力。

信心形成信念，有堅定信念，凡事才會全力以赴、堅持到底，不成功絕不休止，任何主義、任何宗教或任一項雄心抱負及理想的大業，皆由信心、信念而成。信心生信念，由信念堅定信心，才會有百折不撓的精神與毅力，成大業，立大功。

信心可由自我培養，自我肯定達成，也來自外界的激勵鼓舞而生，但也會受他人貶損、打擊、嘲謔、藐視而喪失信心，如不自我尋求修復之道，可能陷入萬劫不復之境，甚至墮落沉淪，當信心受挫時，務必振作精神，奮發圖強，不灰心氣餒，重建信念，啟動自我療癒機能，重返人生的勝利跑道。

信心與信念的力度凝聚成信力，信力即是信心和信念的總和力量，也是人生的強旺戰力，促致成功的要訣。堅強的意志力與旺盛的信心，可克服所有難關與逆境。

7 包容心　慈悲心　憐憫心

人與人之間不但要相互寬容，也要能包容百川萬物，**天地與我並生，萬物與我共存，自然界的萬物共生共存，是世間的最美**。每一種生命都是不同的獨立個體，彼此互相尊重，相輔相長，例如蜜蜂採花蜜，蝴蝶飛翔，傳播花粉，使花木孕育繁殖。尤其是人與人之間，更應相互寬恕包容，即使是不共戴天的敵人、仇人，或犯重罪的囚犯，社會都應包容接納，只要其良心未泯，人性尚存，都可以感化教化，連兇猛殘暴的猛獸都可馴服，何況具有人性的人類。

不過對於天良泯滅，手段殘忍，事後毫無悔意，禽獸不如之徒，絕不可赦，與其使其存在世間，殘害生靈，不如讓其早日脫離人間罪惡。

慈悲心與憐憫心乃是人的天性，與生俱來，孟子說：「惻隱之心，人皆有之」，**包容心、慈悲心、憐憫心、寬恕心是人性的光輝**。

8 自然心　平常心　歡喜心

人從出生到老死，人生歷程波濤起伏，很少一生都平順無浪，乃因生命的過程像大海的驚濤駭浪，洶湧起伏，一波推一波，紛至沓來，此起彼落，人如何在起伏不定的歲月中處變不驚、處驚不亂、巨浪不懼，逆境求順，需要智慧、醒悟與定力，只要能參透人生，看明真相，洞悉生命的自然定律法則，當能突破困境，不為逆境所懼。

生命的運轉有一定邏輯、軌跡與定數，因果循環，要來的，避不了；不會來的，求不到。一切事務早已注定，既然求不得、躲不開，何不坦然面對一切，何須怨天尤人，又何須杞人憂天。破解此一謎惑，凡事皆可應刃而解，不以無謂之憂而愁，不以凡塵之喜而樂，隨遇而安，順共自然，怡然自得；心自在，身自在，事事自在。自然心生快樂心，平常心啟歡喜心。

9 提升心靈　超越自我　邁入非凡

外在的軀體是有形的，心靈則是潛在無形，心靈附在肉體中，相依相附，有肉身無心靈形同行屍走肉，有心靈無肉身，只是飄浮的靈魂，而生命存在時，無形的心靈力量超過有形的肉體，並支配生命，肉體死亡，靈魂脫離肉身，存在大氣之中，並可能投胎再重返人世。

多數人只關注肉體的存活，而忽略心靈的存在。佛、道一再闡示身心靈的精義，身體可以鍛鍊而健壯，心靈一樣可以修煉而提升。心靈昇華後，生命力也隨之精實、豐富，進而超越自我，超凡入聖，邁入不同凡響的境界，身心靈合一，天地人共體，日月星辰同光。

10 得中有失 失中有得 得失泰然

人之一生處境有得有失，有順有逆，甚至逆多於順，失多於得，然而逆可轉順，失可復得，得失之間無兩全，老子也說：「一得一失」。有則寓言謂：「塞翁失馬，焉知非福。」；另有古諺：「失之東隅，收之桑榆。」，道盡得失兩面的哲理。面對得失順逆，泰然處之，得也自在，失也自在，得失都自在，心坦然，路更寬，一念放下，萬般自在，崎嶇之路也變為平坦之途。

11 不憂不懼 面對處理

憂與懼是人性正常的生理反應，也是人生之常情，孔子說：「人無遠慮，必有近憂。」，可見憂慮畏懼時刻如影隨行。

不過在此所指的憂慮，和偉人心懷的憂國憂民，先天下之憂而憂，後天下之樂而樂的「大我」襟懷不同。常人所有的憂慮，或是杞人憂天之憂，或為芝麻小事而愁，因瑣事而煩，也因無謂的憂慮而心生恐懼，由莫名的恐懼而不敢面對，束手無策，形成自我之敵人。人的一生，不如意者十之八九，既然無法避免，何不勇於面對，正面處理，聖嚴法師說得好：「**面對它，接受它，處理它，放下它。**」、

「**心自在，身自在。**」，這是何等的大智慧呀！

不過特別強調的一點：不憂不懼的心念固然重要，但卻不能沒有憂患的意識，小至個人，大至國家都是如此，孟子曰：「夫無敵國外患者，國恒亡。」，所言一針見血，所謂「居安思危」，一國之君、大臣或在位者，如沒有憂患意識，因此滿足現況，醉生夢死，沉溺於歡樂太平的日子，國家焉不面臨滅亡。於個人而言，若無憂患意識，也因而無危機警覺，也無未雨綢繆，預先部署之準備，麻木不仁，一旦大難臨頭，慌張失措，為時晚矣，所謂生於憂患，死於安樂是也。

面臨危機，面對它，接受它，處理它，危機才會是轉機。

12 剛柔互濟　陰陽平衡　天人合一

如果天體是一個大宇宙，人體就是一個小宇宙、小天地，天體有陰與陽兩面，例如太陽為陽系，月亮為陰系，白晝為陽，夜間為陰，電流有陽極陰極，人有陰陽兩性，人體亦同時存有陰陽屬性，只不過有陽強陰弱或陰強陽弱之別，大自然中陰陽融和、和合、調和，萬物茂盛，欣欣向榮，人類亦是為此。

包含人在內，自然界中當陰陽和合時，也就是陰陽處於平衡點，是萬物生命最佳的飽和狀態。道家有所謂「活子時」之說，即指陰陽交會時刻，也就是當陰趨弱，陽轉盛時，陽能發動，「一陽來復」

時，是人的生機最蓬勃旺盛的時刻。四季中萬物生機的轉化即可印證，冬去春來之際，花木由枯萎轉為生機盎然，冬眠的生物也甦醒，一元復始，大地回春，萬象更新，恢復生機。人的生理機能也是當陰陽合和、調和及陰陽平衡時，發揮人體機能及生命的極致頂點。

剛與柔如同陽與陰，是一體兩面。有人性剛，有人性柔，一般而言，剛主陽，柔主陰；男偏剛，女偏柔，但無論男女剛性太強，則性烈氣剛，個性倔強，玉石俱焚，難有轉圜餘地；性太柔也未必是好。遇事猶豫不決，患得患失，坐失良機，因此拿捏之道，在於中庸調和，剛中帶柔，柔中有剛，剛柔互濟，相輔相成。惟有時柔勝於剛，所謂柔能克剛。一則寓言故事：「太陽與北風爭論誰的威力強，能使行人脫下外套，於是北風吹起凜冽寒風，行人不但沒有脫下外套，反而把衣服裹得更緊；輪到太陽出手，太陽展現溫柔笑靨，發散熱力，行人很快就脫下外套。」這則寓言故事說明溫和力量勝於嚴峻手段。

13 理性樂觀　合理悲觀　突破困境　操之在己

西方哲學家有句話：「人沒有悲觀的權利。」，雖有幾分哲理，但也未必盡然，如調整為：「沒有過度悲觀的本錢或餘地」或較為貼切。悲觀與樂觀畢竟是人的自主本性。合理之論，應是「理性的樂觀，合理的悲觀」。樂觀應理性審慎，悲觀要正當合理，而如果毫無悲觀警覺，就會喪失危機意識，亦無妨微杜漸之道，及防範未然的機制，因之，如果悲觀不具正當合理性，就會鑽牛角尖，自尋煩惱，淪為悲觀主義者，也是失敗主義者。

遇事持以樂觀的態度固然很好，但樂觀也應審慎理性，合情合理，有把握成功或成為事實的事，當然持以樂觀的態度，因此而受到激勵，更加有所作為，全力衝刺，促其實現。樂觀除了理性外，也要客觀冷靜，失去理性，樂昏了頭，樂極生悲，反而敗事。

任何事情遇到瓶頸或困境，悲觀無濟於事，氣餒無助成事，而須堅定意志，強化信念，鼓足信心，克服困難，突破困境，任何事情操之在己，切莫存依賴別人之心，如此當可轉敗為勝，由困轉順。

14 人生觀　價值觀　道德觀

每個人對生命都有不同的認知與看法，因此對人生的意義、價值與追求的目標各有不同。在農業社會，人的生活方式單純，日出而做，日落而息，接觸範圍有限，甚至老死不相往來，即使婚姻娶嫁，也幾乎都是父母之命，媒妁之言。人自出生到老死，認命從命，隨遇而安，至為單純。邁入工業社會，尤其進入太空、科技、生技時代，生活掀起巨大的轉變，生活型態趨於多元性，使得人際關係複雜化，思想、觀念大幅改變，已非昔日原有的樣貌，人們對於人生觀、價值觀的定義與認知，當今昔日有著極大的差異，今非昔比。

無論因時代的不同，或是社會的巨變，每個人對人生的目標，都應有自己的定調，設定正確的人生觀，確立追尋的目標，方不致惘然迷失，不知所措，隨波逐流，也才能圓滿走完有意義的一生。**美好的人生觀應以「大我」、「大愛」為中心理念**，造福人群，貢獻社會為出發點。

價值觀隨人生觀之不同而異，有甚麼樣的人生觀，就有甚麼樣的價值觀，二者互相關聯。有的人立志行醫，懸壺濟世；有人志向從政，為國服務；有人從事教育，培育英才；有的醉心宗教，宣揚教義；有人追求藝術創作或演藝工作；也有人志在從商，創造事業，林林總總不一而足，因之人生的目標難免受價值觀的影響而定立，惟無論從事任何志業，只要志向純正，動機良善，具使命感，都應受到肯定，並全力以赴，追求目標。

道德觀的標準不一，不但因人而異，更由於地域國家、總族類別、社會文化、人文背景、法律規範、宗教信仰、風俗習慣等種種因素而有所不同，例如有的宗教允許多妻制，有些國家重婚有罪，有的地區傷風敗俗的行為，別的社會則視為合法容許，國際間並無一致的道德規範，每個人也各有不同的認定標準，唯一共同遵循的原則，應以不侵犯他人權益，不違反倫理道德為規範，並將道德觀駕凌於價值觀上。

15 感恩　惜福　報恩

人在世間所受恩惠比給予別人的恩惠為多，無論來自親友、社會或國家。受人恩惠，感懷在心，知恩思報，而回報未必一定要直接報答當事人，可以轉而施惠人群，回饋社會，貢獻國家，無論從事公益、擔任志工或醫護人員到偏鄉離島義診等等，都是回報的方式，回報的重點也不在於是否等值或行善大小多少，重要是在於有無真正的心意，**只要誠心誠意**，**盡心盡力就是大報**，換句話說，所施勿記，受惠勿忘，不知感恩思報者是無義，無恩無義就是無情。也即是常人所道「施人慎勿念，受施慎勿忘」。感恩節（Thanksgiving Day）是美國

16 養身蓄氣　培本固元　攝生保健

健康是人生最大的資產，也是一生真正的財富，有健康的身心，才有能力追求理想與目標，遂所心願，也可更上一層樓，提升生命力到更高的境界，甚至開創來世生命的另一契機。

健康的要訣在於自身良好的維護，即使先天體質不良，也能由後天修護保養轉強，反之基因好，體質佳，即使鐵打的身體也敵不過後天的濫墾斲喪，經不起不當的消耗折損。

儒家重視修心養性，佛家主張先由內在沈潛修練，致力於身心靈全方位健康；道學則闡揚調息養氣，培元固本。三家立論雖各有不同，要義則無二致，異曲同工，殊途同歸，相輔相成。

氣是人體的氣機，也是生命的契機，氣有先天帶來之氣，也有後天獲得之氣，氣流在宇宙不停轉動，也日夜不息的在人體運轉，人體與宇宙之氣相互交流，天人合一。氣息順暢，則身強氣旺，氣順、氣長、氣暢、氣和是生命力的泉源，氣終止生命也隨之結束，因此道家著重調息、練氣、養氣，不僅是培固元氣的不二法門，也是養身長生之道。

有幾種攝生養身的簡易方法，提供參考：

（一）腹式深呼吸

呼吸是維持生命的基本要素，一般人呼吸是由鼻孔到肺部的淺性呼吸，但如能深入到腹部的深層呼吸，則人體的內臟及各器官的機能就有不同的正向顯著反應。腹部呼吸即是「丹田呼吸」，丹田位於肚臍下方三寸的部位，由鼻吸氣深至丹田，越細越長越綿越好，氣和、氣柔，所謂「專氣致柔」。但不要憋氣，吸入丹田的氣，略在丹田滯留片刻，即所謂「氣沉丹田」，再徐徐從口呼出。

習以丹田呼吸，除了可以健身外，亦可紓解心情焦慮緊張，如呼吸短促，或自律神經失調，也可由腹式呼吸緩解改善。此外半夜甦醒，難再入眠失眠時，也可藉由腹部深呼吸很快重再入眠；無論在立、臥甚至行走時，都可以做腹部呼吸。

（二）吐氣排毒

體內的廢物毒氣，如果不排出體外，日積月累有可能成為罹癌的病因。存在人體的廢物以氣體、液體及固體三種型態呈現，液體及固體的廢物，可藉由排泄、流汗等方式排出，惟有毒的氣體，除了可由消化系統排出一部分外，主要是由呼吸及吐氣排出。最佳的排毒方法是早晨起床後，在空氣暢通的地方，不限室內外，兩腳站立與肩同寬，雙手置於兩側腰際，或放置下腹，以意念稍使力從腹腔到胸腔，將存於體內深層的廢氣、雜氣排擠出口外，調息放鬆片刻後，再重複數次，最後以鼻深吸新鮮空氣，此一簡易排毒方法，可小兵立大功，不可小視。吐完毒氣後，如再配合喝三百到五百CC的溫開水，經過一夜的體內毒氣廢物就會完全排出，效果更為顯著。

(三) 穴道按壓

人體有三個穴位對身體非常重要，加以按壓可立即收到很好效果：

(1)內關穴：內觀穴位於手腕橫紋正中向上兩寸，約三橫指處兩筋間，在中間陷下之處掐壓，對心臟衰竭、心絞痛有紓解作用，對調整自律神經及睡眠也有助益。

(2)合谷穴：合谷穴位於手背拇指與食指中間虎口最突點處，按壓合谷穴可緩解頭痛腦脹，並達到鎮定神經作用，紓緩緊張情緒。

(3)百會穴：百會穴位於頭頂正中央，輕輕按摩可促進腦部血液循環，改善頭暈目眩現象。百會穴是人體最重要穴道之一，也是任督二脈交會處。嬰兒頭蓋骨未長成前，在百會處可見到跳動現象，此即為「百會穴」。

(四)練習納氣

本書多處提及「氣」對生命及身體健康的重要，凝神習氣即是以氣功、內功、調氣、納氣，促進氣在體內的循環，使體內體外的氣流交流合一，並運轉至全身五腑六臟及經絡，強化生理機能。習氣、練氣為長期性的功力，非一蹴可及，貴在持之以恆，一曝十寒達不到效果，同時方法也要正確，才會有立竿見影之效，但氣功法門甚多，最好請教正派的專門老師指導，方不致走偏。

（五）啓動經絡氣脈周轉

人體有任脈、督脈、中脈等三脈及頂輪（百會）、眉心輪（印堂）、喉輪、心輪、臍輪、海底輪（會陰）及梵穴輪（頭頂之上）；此外還有奇經八脈及十二經脈，構成體內氣脈主流，使氣息蓬勃不停運轉，維持生命的機能與身心健康。人體的氣脈與宇宙氣流相通並密切聯結，由此也印證「天人合一」之論。啟動經絡氣脈周轉的功能，可由頭頂的百會穴循任脈的眉心、喉部、心部、臍部到腹部的丹田，再由海底穴提氣往脊梁經命門循督脈直上百會，到百會後往下到鼻樑，經眉心衝上百會，想像一道四射的光芒在百會穴上方的梵穴。此一法門需有深厚的內功基礎方可行之，初習者不可輕易嘗試，宜請專家指導。

當一個人任督兩脈打通後，頭頂百會之上會發出光芒，具有法眼的上師、超能力的人或天眼通者可看到此景象。此種現象道學稱之為「三花聚頂，五氣朝元」。

人體除了三大主脈任脈、督脈、中脈外，有二處重要主穴，一為「百會穴」（頂輪）亦稱「泥洹」，另一為「海底穴」（會陰），亦稱「生法穴」兩者由上而下，由下而上相連相通。穴穴打通，脈脈相通，是養身長生之道。

17 宏觀天下　放眼全球　立足國際

當今交通發達，縮短國與國之間的距離，全世界各地，弗遠不屆，朝發夕至，因而國際人士往來接觸頻繁、關係密切，以往對「地球」、「國際」詞意與概念，也為之改變，現今「國際」成為「國際城」，「地球」成了「地球村」，地球上人類不再侷限於自己國度中的小天地，固步自封，視野狹窄，成為井底之蛙，由井觀天，而應暢開胸襟，宏觀天下，放眼全球，立足世界，才不致成為地球上的邊緣人，淪為國際間的孤兒。

18 定靜安慮得

孔孟學說的哲學理論與中心思想其實是結合佛儒道三家之大成，孔孟至聖先師雖無特別強調宗教理論，而卻貫穿佛儒道的中心思想，尤其其中的定、靜、安、慮、得五大修煉，更是佛儒道的精隨。

佛儒道皆強調修心養性的精隨，先定心，定心後而能靜，心靜後才能安其心，安其身而後才能有純正成熟的思慮，最後終有所得，有所收穫，也才能有所成就。這一連貫的身心修練，儒家乃齊家、治國、平天下；佛家乃得道成佛，修道者悟道得道成仙，圓滿人生，成就生命。

儒學由內而外，由心而身，心修後而能齊家、治國、平天下，這也就是生命可貴的意義與價值。

19 溫良恭儉讓

「溫、良、恭、儉、讓」是做人的美德，然而國人對馬英九前總統「溫、良、恭、儉、讓」的特質，卻有正負、貶褒不同的兩面評價，其實持負評或貶損的人對馬前總統是不公平、偏見而不合理的。

「溫」者乃態度溫和、誠懇，待人彬彬有禮但不卑屈，不乞憐；「良」者心性敦厚善良，但也非鄉愿；「恭」者對人恭敬，對事敬業，但也非屈辱；「儉」者勤儉樸實，具有勤儉美德者，必會清廉治國；「讓」者禮讓、謙讓、合理之讓，但對不義不仁之事也絕不寬貸退讓。這些良好的特質，馬總統皆兼備。

筆者無意對某政治人物刻意推崇，而是就事論事，公平公正。

三、為人處世篇

1 大肚能容 仰天長笑 滿心歡喜

「大肚能容，了卻人間多少事；滿心歡喜，笑開天下古今愁。」

這句話道盡人生哲理，寥寥數語，發人省思，文字雖為詼諧，卻可當為座右銘，時時自我省視。

多數人都因度量太小，雅量不足，看人皆不順眼，處處無法包容，甚至連自己亦難容，杞人憂天，自尋煩惱。此種個人之憂，與「先天下之憂而憂，後天下之樂而樂。」的憂國憂民意義截然不同，人應以天下為己任，為天下之憂而憂，其所關切者為國家事、天下事，而非個人的芝麻瑣事。

宇宙浩瀚無比，涵括三千大千世界，人雖渺小，但度量也可浩大如宇宙，不但可容納百川大河，更可包容萬事萬物，人如不能容，天地何能容，密訣是一切拂意事，仰天長笑，笑開所有人間愁，了卻一切煩惱事，滿心歡喜，不識愁滋味。

2 嚴以律己　寬以待人　謹守分際

嚴以律己難，薄以待人易，常人的通病是寬待自己，苛求別人，對自己不當的行為視若無睹，無動於衷，卻對別人斤斤計較，挑剔苛求，對別人無心之失也絕不寬貸，而自己不當的行為過失，總是找盡理由原諒自己。為人應時時檢視自己的行為，雖不能一日三省吾身，但也應常常自我反省檢討。對他人的過失，尤其是無心之過，應以寬厚之心包容。有句話說：「一個人如果不能從內心去原諒別人，那他就永遠不會心安理得。」**不知檢討自身，即是縱容自己。**

為人處事要知分寸，守分際。家庭倫常，長幼有序；職場有倫理，上司僚屬之間，各有所責，相互尊重；國有國之綱法制度，社會規範紀律。每個人都該知道自己的身分角色，謹守分際，不逾越分寸，不冒犯他人，不觸犯法律規範，社會才會融洽祥和。人生如同籃球賽，中鋒、前後衛角色不同，各有所司，否則就打亂了陣勢。

3 設身處地 為人著想 己所不欲 勿施於人

自私是人的本性，也是人性的弱點，但絕不可取，捨己為人才是道德的準則，設身處地是做人的基本道理，也是與人相處之道。無論居家或處身社會，都應將心比心，自己所厭惡的事物，別人也未必會喜歡，人同此心，心同此理，不可隨意加諸於人。若是把自己無限上綱，本位主義太重，自私心理作祟，罔顧他人感受，無同理心，無包容心，即使其人才高八斗、學貫中西，也未必受人歡迎。聖嚴法師說：「**心量要大，自我要小**」，凡事能設身處地，為人著想的人，必

4　說話不傷人　文字不損人

說話與文字都是表達內心思想的工具，但卻也是兩面刃，良善的語言、文字，對人有正面的激勵作用，及良好的影響力，但水能載舟，亦能覆舟，不當、粗魯、損人的語言和文字不但可傷人害人，如一把利刃，可置人於死地，殺人而不見血。不僅如此，治理國家大政者，更需謹言慎語，孟子曰：「一言可以興邦，可以喪邦」，可見其嚴重程度。

有些話不論是未經思慮脫口而出，或口無遮攔，逞口舌之快，都可能造成對方嚴重的傷害。聖嚴法師說：「脾氣與嘴巴不好，心地再好也不能算是好人」、「話到口邊想一想，講話之前慢半拍，不是不說話，而是要惜言慎語。」，無論出自有心或無意的惡言惡語，對人所造成的傷害，難以言喻，但說話者卻往往不自覺；另一方面，對他人的惡言惡語，而能忍氣吞聲，不挑釁，不反擊，更是一種修養，聖嚴法師說：**「面對惡言惡語，也是一種修行」**。

其實**說話是藝術，也是技巧，更是修養與智慧的表現**，懂得把握說話分寸的人，必定是懂得替人著想、仁慈厚道之人，舉例而言，見到他人體態肥胖，避免當面直說「你好胖哇！」，不妨改以「豐腴」或「福相」代替，對矮小的人或太瘦的人，也可稱其為身材纖細、嬌小玲瓏，對年歲大或年老者尊稱為「年長者」，避免稱「老人」、「老婦」、「老頭子」等等。總之，說話稍加保留或修飾，可給人保留顏面與尊嚴，與其說話得罪人或傷害人，不如少言寡語。**一句委婉動聽、悅耳得體的話，可使聽者心平氣和，心悅誠服**。這也是「勿道人之短，勿說己之長」的同樣道理。

除了不以文字傷人、不以言語辱人外，當前國家社會更可畏的乃是網軍充斥，黑說成白，白道為黑，黑指為紅，罔顧事實，抹黑、抹紅，其對人傷害之程度，不亞以語言、文字，亦可置人於死地。尤不可思議者，當政者耗費國家資源豢養網軍，作為政治鬥爭的工具。

5 是非公道在人心　正義真理存人間

是非公道、正義、真理雖可能因一時的矇蔽而暫時隱失，但是非真理終有回歸真相的一天，也證明公道自在人心，真理永存人間，無須因一時正義不彰，公理難伸，是非不明，公道不在而憤慨不平，也無須因此而氣餒，喪失信心，反而應在是非不明，公理淪失，正義難彰的時刻，勇敢挺身而出，力辯是非，伸張公道，維護真理，為正義而發聲，為公理而奮戰，為是非真相而辯護。

6 不卑亢　不自我　不虛偽

不卑並非「自滿」，也非「自卑」，而是不卑屈、不乞憐，不自我矮化，不妄自菲薄，但要懂得謙虛，卻不自卑、不自憐，堂堂正正，正義凜然。士可殺，不可辱，尤其是外交工作、職業軍人，在談判桌上或面對敵人時，捍衛國家最高利益與安全，不屈辱，不畏縮，不喪志，正氣凜然，維護尊嚴與人格，達成使命；但態度不可囂張，或盛勢淩人，作威作福，得理不饒人，甚至出言不遜，羞辱別人，使人下不了台。不卑不亢，光明磊落。才能令人心悅誠服，贏得對方的敬服。

「不自我」是謙沖得體，不驕傲，不自大。造字者頗有巧思，自大一點就成「臭」字，「自我」的另一層涵意是謙沖為懷，謙和達理；不存強烈主觀意識，不先入為主，不主觀偏見，剛愎自用，狂妄自大，才能氣度恢弘，有容納百川的雅量，也才會廣結眾緣，開創新機。

「不虛偽」是坦白誠實，開誠佈公，不矯揉虛假，實事求是。不虛偽，不做作，才能展現自我心性，做一個堂堂正正的人。

7 滿招損　謙受益　近完美　最完美

多數人做事都想追求完美，甚至百分之百的完美，其實**適度的完美，才是真完美，接近完美，是最完美，盡心盡力也是完美**。凡事不須做到飽、做到滿，留點缺陷，讓自己有再努力的空間，有句名言：「滿招損，謙受益」，完美到了飽和點，就無更進一步的發展；水庫飽滿必定外溢。成就到了頂點，難免驕傲自滿，滿則招損，難再更上一層樓，凡事留再進展的餘地，更能發揮，伸縮自如。

謙受益也是同樣道理，越有成就的人，越知道謙虛，深藏若虛，最高明的人，往往是深藏不露，高不可探，大智若愚。所謂強中還有強中手，天外有天，人外有人，滿則遭忌，只有招損，不會有所助益。

8 謀事在人 成事在天 成敗怡然

常言道：「三分人事七分天」，「謀事在人，成事在天」。有首很流行的台語歌曲《愛拚才會贏》其中有句歌詞：「七分靠拚力，三分天注定，愛拚才會贏」，也有另說：「三分人事七分天」，凡事「非能力取」不能強求，「非能力取」有兩方面含意，除了前所指非屬所有，強求不到之意外；另方面也指即使是該你所有，但取之方式不對，而「力取」不到，不如「智取」、「巧取」，以智慧、巧妙、技術方式取之，反而輕易到手，也就是借力使力的道理。

總而言之，任何事情全力以赴，盡了心力，成敗與否，聽天由命，心安自得，毋須掛懷，成之固好，敗也不須氣餒，**敗乃明日之成，成乃昨日之敗**，「失敗為成功之母」，所謂「塞翁失馬，焉知非福」；「失之桑榆，收之東隅」，得失成敗以自然心、平常心視待，**盡心就是成就，盡力就是成功**，尤其運動競賽或競技的場合，盡力就是勝利。勝不驕，敗不餒，勝敗乃兵家常事。

9 親情 友情 真情

人是萬物之靈，也是感情豐富的萬靈，無論是家族之親情，朋友之友情，異性之真情，都是出自內心的深切感情，人如果情淡薄或無情，很難維繫人與人之間良好關係，情義也難維持續不輟，無情無義，終致六親不認，反目成仇的結局，實是人間的不幸與悲劇。

「情」不僅是維繫彼此關係的基石，更是生命中不可缺的要素。有謂：「人非草木，孰能無情」，其實草木亦皆有情，頑石也會點頭。人若無情，連禽獸草木都不如。對親人以親情對待，對朋友待之以真情，對眾人真心誠意相對。親情、友情、真情是維繫家庭和諧，人際良好，社會祥和的基礎，**人間最美是真情大愛**。

10 環保意識　保育觀念　人人有責

極端氣候造成地球不斷暖化，也因地球甲烷及二氧化碳大量排放，臭氧層破洞擴大，而極端氣候多數肇因於人為因素，使這些情況加劇惡化，諸如大量的火力發電，煤炭燃料，車輛廢氣排放，化學廢棄物不當丟棄，森林濫墾濫伐、水土遭到破壞等等因素，促成自然生態失衡，乾旱洪荒頻頻，冰山加速融化，空污日益嚴重，危害人體健康，凡此皆因人類罔顧環保，不知珍愛地球所致，一切後果人類咎由自取，終必付出代價。有識之士、環保團體乃大聲疾呼，呼籲重視環保，愛惜地球，為地球上萬生萬物、世世代代子孫著想。

保育觀念與環保意識同等重要，也同樣是由人為因素造成的禍害，例如對稀有的保育動物濫捕濫殺，大肆破壞海洋自然生態，使這些陸上動物、海裡生物瀕臨滅亡危機。今日之我如無先見之明，不知覺醒，斷然採取有效防制措施，有朝一日人類恐將淪為這些保育動物、生物的相同命運。做為地球村的每一份子，都應提振環保意識，喚起保育觀念，環保、保育人人有責，共同珍愛我們的家園，保護唯一的地球，守護人人的健康。

11 為政之道 勤政愛民 清廉自持

俗語說：「人在公門好修行」，修行的門徑固然很多，但最為直接實效的方式是從政，為國為民服務；在位時擁有充沛的行政資源及政治權力，較一般人有更多優勢與條件，如果能善加把握，發揮實質力量，勤政愛民，奉獻國家，加福社會，惠澤人民，豈非功德無量，遠勝以其他方式修行。反之，如果在公門時不知為民謀福，甚至濫用職權，作威作福，欺壓百姓，則不但修行不了，反而會有不良惡果與報應，最後送入牢門法辦。

12 保國衛民軍人天職　戰禍元凶罪不可恕

軍人天職保衛國家，捍衛疆土，免受於侵略者入侵，危害人民性命財產，其職責神聖而受敬重，軍人為了達成任務，置個人生死於度外，為國捐軀，犧牲小我，完成大我，英靈動天地、泣鬼神，在天之靈必得安息，人民對為國捐軀殉職的將士，應致最高敬意。

反之，侵略者發動戰爭，泯滅人性，是萬惡殺手，罪無可恕，天誅地滅，人神共憤，在世時受譴責，身亡後靈魂亦不得安息。眾多有識之士，政治家、外交家、宗教家，都呼籲世界和平，一旦面臨戰端危機，力挽狂瀾，消弭戰爭，全力維護世界和平與安全。

13　社交規範　生活禮節　共同遵守

人與人之間接觸與互動，彼此間應有一定的禮節與規範。禮節即是節制自己的行為，尊重別人的權益，談吐行止間，自我節制，不冒犯別人，不造成他人不便或使人不悅。人人有禮節素養，切實遵守，人與人相處融洽，社會祥和歡樂。

簡易的日常生活禮節，諸如搭乘電梯、大眾交通工具乃至在車廂、戲劇院、電影院、商場等公共聚集場所，都要切遵相關規範。今日國際間接觸頻繁，來往密切，遵守國際禮節，必能有助於國際關係

14 戰爭與和平 侵略與強權

環顧世界各國，大凡未曾經歷戰火蹂躪的國家大都政治安定，國泰民安，被譽為「福地」。泰國即為其例，而舉凡歷經戰爭浩劫的人，都會感受戰禍的可怕，一場無情戰火，犧牲多少無辜生命，摧毀多少幸福家庭，損失多少國家人民財產，尤其當前進入核武時代，武器裝備日益精良，遠超過以前傳統戰爭所造成的傷害，然而戰爭的恐怖悽慘似未能喚醒極權野心的好戰者，及窮兵黷武的侵略分子的覺醒，只為耀武揚威、操弄個人的威權，謀達私人的政治野心，而罔顧天理，泯滅人性，人神共憤，天地不容，其死後當淪為魔鬼，罪惡難赦。

凡有人性的人類，都唾棄戰爭，抗拒戰爭，有識之政治家、軍事家、宗教人士無不力倡和平，力阻戰端，諾貝爾也因此設立和平獎，頒予對促進和平有傑出表現的國際人士，表彰其對人類和平的貢獻。

蔣介石委員長在對日抗戰期間，曾告示國人和平未到最後決定關頭絕不輕言放棄和平。美國前國務卿暨參謀首長聯席會議主席鮑爾，在國際間情勢危急時，也曾言不到最後不得已關頭，絕不輕易發動戰爭。這兩位中外傑出的政治家都為和平與戰爭立下最好的考驗與抉擇的典範。前國防部長俞大維也曾言：「凡是打過仗的人都不願看到戰火重燃，對誰都沒有好處。」（引自聯合副刊張作錦一文）

不過當敵人瘋狂入侵，求生的國民別無選擇，只有發揮不畏戰、不懼戰、英勇抵禦捍衛到底，絕不退縮的精神，以戰止戰，否則國破家亡，那還有個人的存亡。「自己的國家自己救」是千古名言。英國前首相邱吉爾曾言：「選擇了屈辱，最終還是要面臨戰爭。」

四、治國為政篇

1 勤政為民治國　忠國廉能從政

前節曾提及此項論述，之所以不計累贅再敘，乃因有感國家興衰，政治良窳，百姓幸福與否，端繫當政者是否真正為國為民，清廉勤政，倘在位者貪汙枉法，循已之利，政治之私，罔顧人民福祉，國家利益，國家焉不衰亡，吾不知這些玩弄權術的政客，怎對得起國家，對得起人民。

回首這數十年來，蔣經國總統、馬英九前總統、孫運璿先生、李國鼎先生、郝柏村先生、王建煊先生等國家領袖及政府首長，親民愛民，戮力從公，清廉從政，不苟私、不循利，一襲舊衣、一雙舊鞋，兩袖清風，足為從政者之表率。

前國防部長俞大維先生也是以清廉著稱，任人唯賢，備受讚譽。當年雖然環境艱困，國家仍是欣欣向榮，百姓安居樂業。反觀今日，政風日下，兩岸仇視敵對，朝野惡鬥，操弄政治意識，民心渙散，兩情相對，情何以堪？而當政者我行我素，卻無省思。

然而歷史自然輪迴，所謂「分久必合，合久必分」，「正必反，反必合」，正反、分合本是自然定律，吾人無須對這些現象太過於憂慮操心，不過我輩生於這個年代，長於這個時代，怎能對此置身度外，視若無睹。

2 國魂與國格　國力與國威

由於種族互別，地緣不同，人文差異，而成立個別獨立的國家，國家也是國際間獨立的單元，每一單一獨立的國家都具其國魂、國格與國力。

國魂就像人之靈魂，國家的整體精神意識，而非個體的型態意識；而國格則是國家的尊嚴與威嚴，正如同一個人高尚正直的人格。國力是國家整體條件與力量，正如同每個人所具有的素質、能力、學經歷、健康狀況等等條件。國威則是國家的威望。國魂淪落，國家就無中心思想與建國立國的目標，更遑論國格、國力與國威。我國憲法開宗明義指出：「中華民國其基於三民主義，為民有、民治、民享之民主共和國。我國的國魂是甚麼？乃民主自由、政治和平、世界大同為我國建國、立國的精神與靈魂。

而我國的國格又是甚麼呢？我國的國格是國家的威嚴與尊嚴，正氣凜然，威武不屈，不屈辱、不失格。

至於國力與國威兩則兩互關聯，一體兩面，有強大的國力，自然帶動強盛的國威，強大的國力，威揚海外，威震鄰邦，受到各國的重視與敬佩，躋身為世界強國。國力涵蓋層面廣泛，包括經濟，科技、學術，強大國防，昌明政治，醫療水準等。除了硬體優勢外，軟體實力也是重要的一環。包括教育學術、文化藝術、道德水準，社會治安、公共建設等。甚至地理環境，環保措施、社會福利、政府執行力，國民教育水平等軟實力，這種種的條件因素，構成國力的總評，許多國際評級團體每年大都以上述項目就各國國力狀況評定名次等級，同時也可作為各國施政的參考。

3 國家與國旗

國家一詞，顧名思義是指「國」與「家」，兩者密切關聯，脣齒相依，所謂「國破家亡」，沒有國，那有家？傾巢之下，豈有完卵。

國旗與國家是象徵國家的表徵，也是代表國家的標幟。否定國旗，漠視國歌，就等於蔑視自己的國家。從一個人是否敬愛國旗，高唱國歌，即可顯現其人是否熱愛自己的國家。筆者在美期間，每見到許多美國人民，不分身分、職業或政黨，在自家庭院豎立旗桿、升上國旗，也有在戶外門前插一面國旗，見了不禁動容，也留下深刻的印象，美國今日之富強，不是毫無道理。

回憶早年台灣平屋牆上都設有固定旗座，每逢國慶等國家重大節慶，家家戶戶自動插上國旗，大街小巷、公共場所到處都可看到國旗飄揚，全國一片旗海，人心振奮。然而，曾幾何時，這些情景似已不復多見，也難怪國勢日益不振。

回憶當年一萬四千多位反共義士由韓來台，手上攜著是一面義士們以熱血染紅的國旗踏入國門，其情景怎不令人感動。再看旅居海外數十年的僑胞，偶有機會看到自己國家的國旗，老淚縱橫，即使是旅居國外多年的國人，聽到國歌，見到國旗，也不禁紅了眼眶。

筆者從事外交工作，派任駐外代表（大使）期間，每年舉辦國慶酒會時，雖非邦交國，仍然一定堅持在會場懸掛我國及地主國國旗，並播放兩國國歌，全場人士無分賓主，所有賓客皆肅然起敬。爾今，

4 治國與為政

論語〈為政篇〉哀公問：「何為則民服？」孔子對曰：「舉直錯諸枉，則民服；舉枉錯諸直，則民不服。」孔子另又說「為政以德」，以德治國，善尊人民，人民自然向善。

當今賢明君主或英明治理國政者，其具有共同之特質，可歸納為：（一）以人民為主，以民意為依歸，人民方是國家真正的主人，官吏則是受人民之委託而治理國政。換言之，官吏是人民的「公僕」。（二）忠於國家，忠於人民，忠於職守。也就是忠貞、忠誠、忠職。官吏依人民之意旨並依憲法之規範及所賦予之法定權責，處理國家事務，如有違背，要受法律最嚴厲制裁。（三）大公無私，以國家利益及百姓福祉是從，不循私偏私，更不可違法濫權。任用人員唯才是用，不舉內親。諸葛亮「前出師表」所言：「開張聖聽」、「親賢臣，遠小人」、「察納雅言」是也。（四）為政以德，治國者或從政者須比一般人持有更高的道德標準，不貪污、不枉法、不苟且。廉潔清明，則政治昌明、國家昌樂。（五）以身作則，為民表率，為眾楷模，所謂「上梁不正，下樑歪。（六）德育、教育、才育並重，教育乃百年樹人之大事，然而視之今日之國民教育不但不重德育亦缺基本教化。課綱的修訂即為一端，刪改歷史文化，課綱之不當修訂有違背憲法之精神，憲法明訂「教育文化應發展國民之民族精神。」當前教育方式，何能教育下一代知書達禮，師法古聖先賢。當前社會，道德淪落，風氣敗壞，在上位者君不君、臣不臣，在下者有樣學樣，價值觀、道德觀滑落，社會充滿暴戾之氣、仇恨不滿，詐騙集團、黑道幫派充斥，暴力事件層出不窮，司法不彰，公權力受損，種種事實，在在暴露國民教育、社會教育、道德教育之不足。

更不可思議者，當政者不但不能為民表率，樹立良好風範，卻耗費公帑豢養網軍，作為政治鬥爭的私器與工具，如此政治，如何期待它有所正為。且看當前一些政治人物，「鴨霸」的行徑及一付「盛勢凌人」的模樣，令人不寒而慄。

無論是政黨或國家，如果不能團結，就如同一盤散沙，無法凝聚成力量，匯合成洪流。然而團結並非空喊口號，政治人物如不能損棄私利，犧牲小我，摒除個人政治利益，國家或任何政黨，高談「團結」只是空談而已。

五、政治外交篇

1 國際政治與地緣政治

政治是處理眾人之事，對象是國內人民；國際政治則是處理國與國間關係，或國際事務。國際事務錯綜複雜，瞬息萬變，須持以高度警覺，充足資訊，深入瞭解，精確判斷，才能掌握國際情勢。

國際政治牽連極廣，舉凡單邊關係、雙邊關係、多邊關係，全球國際關係；涉及層面也涵蓋國際法、政治學、外交學、國際政治、國際現勢與發生的事端等，任何一國家甚難置身於國際事務之外，更難對國際間重大事件、地區紛爭、國際問題置若罔聞，國際事務與國際政治與國家安危，息息相關，牽一髮而動全局。

地緣政治為國際政治重要之一環，環環相扣，但地緣政治重要性與迫切性更勝於國際政治對國家利益及國家安全之影響。以地區性紛爭或衝突為例，區域內的國家都難置身度外，即使不直接被捲入紛爭，也難不受間接波及，尤其地區性的事端衝突或地緣政治相互關係，處於同一區域的國家必首當其衝，難以完全脫身。一國外交除了全力開拓國際關係外，也應重視地緣政治的問題、演化及發展，並及早擬定因應之策。

地緣政治孕育區域性組織，由於同一區域內的國家為保障區域內共同利益，或防衛整體安全，遂有區域性組織的興起，諸如「北大西洋公約」（NATO）、「華沙公約」（Warsaw Pact）、「東南亞公約組織」（SEATO），乃至「歐洲共同市場」（EEC）、「亞太經濟中心

（APEC）」等等區域性組織相繼應運而生。其中有以政治軍事為目的，也有以經貿為主軸。

台灣位於西太平洋第一島鏈的軍事要衝，戰略地位重要，舉足輕重。台灣海峽則為國際船隻航行的重要海域及通行之道，各大強國軍艦、商船都可自由通行，各自展現軍事與貿易實力。就地緣政治而言，日本、韓國（南北韓）、新加坡、馬來西亞、越南、印尼等國都是我們的鄰國，雖非彼此之間脣齒相依，但卻是相互息息相關，尤其經貿關係尤為密切，更顯現地緣政治的重要。

國際政治重在布局全球、深耕國際，建立多邊關係，但切忌傾靠一邊，受其牽制主宰。眾所皆知，所有雞蛋置放同一籃裡，極其危險，有智慧遠見之治國者，應敞開胸襟，廣布據點，多方爭取友我國

2 外交藝術與手腕

外交是內政的延伸，駐外使領館等駐外機構，辦理領事事務即為內政延伸的表徵。內政、國防、外交是主權獨立國家的三大重要支柱，三足鼎立。有人謂弱國、小國無外交，此言差矣，非也。以新加坡為例，面積雖小，人口也不多，資源更是有限，既非大國、也非強國，然而外交手腕靈活，左右逢源，活躍於國際社會，在國際間擁一席之地。另看以色列，在艱難處境中，建國立國，左攻右伐，外交成果斐然，受到國際重視。而我中華民國，處境艱鉅近似以色列，雖非大國、強國，也絕非小國、弱國，我國主權獨立，國防外交自主，各方面條件不遜於星國、以色列，國事與外交非不能為，乃為不為也。再觀其兩國人民愛國團結，國家利益凌駕個人之上，這些國家在國際間受重視，不無道理。

外交層級廣泛，除正式之外交外尚有實質外交，所有非正式外交關係，都歸於實質外交，雖形式互異，但實質效應相同。就外交範疇面而言，又有國會外交、經貿外交、軍事外交、文化外交、醫學外交及非政府組織外交等。

外交以達成國家利益為最高原則，遂成外交任務為目標，並符合國家政策為前提，因之，執行過程要靈活圓融，並富彈性與機動性，隨國際環境、地緣政治、時空轉變而靈活調整因應，中共以往慣用的乒乓外交、現今之金援外交等，及國際間盛行的新冠肺炎疫苗外交即為其例，我國也可以聞名國際的台積電的半導體、農業等方面的成就作為外交的籌碼。

在外交策略上又須制訂短、中、長期目標的策略，每一階段各有不同的工作項目及指標，按步就班，循序漸進，也可同時並進執行。高明的外交手腕是高深藝術，靈巧與技術的表現，窮則變、變則通，靈活運用，尤其重要是操之在己，不能受制於他國，不受命於他人。

我國憲法明確揭櫫我國的外交政策，是以國策為基本方針，並以立國精神為主軸，明訂「中華民國之外交、本獨立自主之精神，平等互惠之原則，敦親睦鄰，尊重條約及聯合國憲章，以保護僑民權益，促進國際合作，提倡國際正義，確保世界和平。」

外交工作是一項崇高理想，遠大志向的終身志業。一旦現身外交工作，就應勇往直前，義無反顧，雖然我國當前外交處境情勢艱困，外交工作艱辛，個人家庭生活漂泊不定，但只要有堅定毅力，愈挫愈勇，終可見到勝利的曙光。

筆者從事外交工作多年，熱愛外交工作，如果下世還可選擇，還是會以從事外交工作為志業。服務期間，感受長官、同僚夙夜匪懈，全力以赴，勇往直前，奉獻心力的精神與毅力。筆者忝為外交職場的退休老兵，與有榮焉。

結語

歷經不只一甲子歲月的體認，超過半世紀成長過程的見證，綜歸人生兩大真貌：「萬事皆緣」、「萬物虛空」，前世如此，今生如是，來生亦然。人為使命來，也是因何而來，使命達成，心願了卻，告別世間，可謂「銜命破浪而來，圓滿走完人生，快樂乘風而去。」。浪來水長，浪去水退，來也匆匆，去也匆匆，了無痕跡，人生就是如此。

認識生命的真義，當可避免憂鬱症狀的發生及死亡念頭的產生，因為理解生命的真諦，就「憂無可憂」、「死無所死」。憂鬱、恐慌之症可以自身之意志力克服消失，死亡之心也可以意志心掌控。

人生最大的意義在於面臨大風大浪，危難艱困的逆境，勇於接受挑戰，堅忍不拔，打一場光榮美好的戰役；而不在無風無浪的歲月中，過著太平承歡的苟安日子，這就是人生的意義與價值。

最後筆者想藉由此書呼籲地球上人類，所有不擇手段，漫無止境，無所節制地發展太空、核武、複製生命、機器人、基因改造等等違反自然、人倫、常態的行為，都應適可而止，有所節制，否則物極必反，禍延地球面臨毀滅，殃及人類滅亡的危機，此乃是宇宙及大自然輪迴的定律。

作者簡介

一、外交經歷

（一）外交部部內

（1）外交部科員、科長

（2）部長室秘書

（3）簡任專門委員

（4）領事事務局副局長、局長

（二）駐外館處

（1）駐南非開普敦領事館副領事

(2)駐菲律賓代表處二等秘書、一等秘書
(3)駐亞特蘭達辦事處副處長
(4)駐美國代表處組長
(5)駐泰國代表處顧問兼組長
(6)駐印度代表處代表(大使)

二、教職

(1)中央警察大學兼任講師
(2)中央警察大學外事研究所聘任講授
(3)東吳大學「青年領袖學堂」聘任講座
(4)稻江大學兼任講師

三、著作

（1）《中共外交政策與策略》黎明書局出版
（2）《實用國際社交禮儀》商周出版
（3）《我的外交人生歷程》秀威資訊（新銳文創）
（4）《圓與緣—探索生命的奧秘》秀威資訊（致出版）

四、其他

「國際社交禮儀」講座

曾應邀在政府機關、公私立大專院校、高級中學、企業公司及工商

機構、民間社團等處講述「國際社交禮儀」（依類別講授時間次序）

（一）政府機關

(1)臺北市警察局。
(2)中央警察大學專業班（兩梯次）。
(3)國立中正紀念堂。
(4)中央研究院民族研究所。
(5)行政院新聞局。
(6)外交部「全民外交研習營」（八梯次）。
(7)花蓮玉里署立醫院。
(8)臺灣警察專科學校。

(9)高雄市警察局。
(10)基隆港務局。
(11)國家科學委員會。
(12)外貿協會。
(13)岡山醫院。
(14)交通部氣象局。

(二)公私立大學暨學校

(1)稻江科技暨管理學院。
(2)真理大學。
(3)新竹縣立湖口高中。

（4）景美女中（兩次）。
（5）崑山科技大學。
（6）臺南科技大學。
（7）國立中山大學（兩次）。
（8）淡江大學。
（9）東吳大學。
（10）景文科技大學。
（11）臺南崑山科技大學。
（12）中原大學。
（13）陽明高中。
（14）龍華科技大學。

(15)修平技術學院(國際禮儀專業證照)。
(16)臺北科技大學。
(17)中國文化大學。
(18)國立臺北大學。
(19)德霖技術學院。
(20)醒吾技術學院。
(21)實踐大學。
(22)育達商業科技大學。
(23)東吳大學商業菁英領袖班。
(24)國立屏東大學。

（三）企業界及民間社團

（1）中華民國觀光領導協會。

（2）倫飛科技電子公司。

（3）威剛科技公司。

（4）寶萊證券公司。

（5）企業指導協進會。

（6）凹凸科技公司。

（7）光寶科技公司。

（8）漢民微測公司。

（9）華亞科技公司。

(10)錦達實業公司。

(11)羅博世國際公司（德商）。

(12)松柏公司。

(13)中華映象公司。

(14)友達光電公司。

(15)勤誠興業電腦公司。

(16)扶輪社(三次)。

(17)福朋大飯店。

(18)艾訊電子公司。

(19)臺北全禾商旅。

(20)屏東大鵬灣大飯店。

(21)龍華科技大學。
(22)新竹永豐金銀行。
(23)立德電子公司。
(24)曼都髮型企業連鎖公司。
(25)保險安全基金會。

國家圖書館出版品預行編目

圓與緣：探索生命的奧秘 / 錢剛鐔著. -- 再版.
-- 臺北市：致出版, 2022.01
面； 公分
ISBN 978-986-5573-35-5(平裝)

1.CST: 人生哲學

191.9　　111000160

圓與緣

——探索生命的奧秘（增篇再版）

作　　者／錢剛鐔
出版策劃／致出版
製作銷售／秀威資訊科技股份有限公司
114 台北市內湖區瑞光路76巷69號2樓
電話：+886-2-2796-3638
傳真：+886-2-2796-1377
網路訂購／秀威書店：https://store.showwe.tw
博客來網路書店：https://www.books.com.tw
三民網路書店：https://www.m.sanmin.com.tw
讀冊生活：https://www.taaze.tw

出版日期／2021年9月　**定價**／300元
再版修訂／2022年1月

致 出 版　　**向出版者致敬**